李政道与复旦

蔡达峰

笃政精神
旦复旦兮

李政道

二〇一九年二月

李政道与复旦
Tsung-Dao Lee and Fudan University

复旦大学教务处 编

复旦大学出版社

《李政道与复旦》编委会

顾　　问：杨福家　李中清　王垂林　柳怀祖
主　　任：徐　雷
副 主 任：郑方贤　蒋最敏　陆　靖　应质峰　陈力奋
委　　员：陶瑞宝　周鲁卫　陆　昉　侯晓远　陈建新
　　　　　李　辉　曹惟正　刘丽英　周桂发　钱益民
　　　　　朱　军　陈　越
主　　编：孙莱祥　吴晓晖　胡　波　林　伟
执行主编：徐　红　张力群　云永旺
副 主 编：潘　佳　陈　特　张任远
设　　计：董　斌

目 录

序	I
小 引	III
结 缘 复 旦	**1**
思国怀乡，载誉而归	4
复兴学术，首倡制度	8
开坛复旦，传播理念	12
拜望先生，交流思想	32
心 系 物 理	**41**
凿空开路，创 CUSPEA	44
激励青年，设奖学金	52
创新平台，建实验室	70
育 英 箸 政	**75**
肇创箸政，定立章程	78
亲临年会，共襄盛举	88
沟通两岸，切磋交流	98
英雄少年，桃李天下	102
秉承理念，创新发展	110
箸政学子，感念师恩	122
大 事 记	**145**
图 片 来 源 一 览 表	**152**
致 谢	**155**

Contents

Foreword	I
Introduction	III
Ties with Fudan University	1
Keeping homeland in mind and returning with great honor	4
Revitalizing academic research and initiating regulations	8
Popularizing new concepts by giving lectures	12
Exchanging ideas with Fudan leaders	32
Dedication to physics	41
Opening up a new road with CUSPEA	44
Offering scholarship to encourage the younger generation	52
Setting up laboratories as innovation platforms	70
Founding Chun-Tsung Program for talent cultivation	75
Launching Chun-Tsung program and forming regulations	78
Attending annual meetings and supporting research projects	88
Promoting student exchange across the Taiwan Strait	98
Having outstanding students all over the world	102
Upholding original inspirations and the spirit of innovation	110
Expressing deep gratitude to Dr. Lee	122
Major events	145
Table of picture sources	152
Acknowledgments	155

序
Foreword

李政道先生是蜚声海内外的物理学大师，也是我的前辈与朋友。1957年，当我还在复旦大学物理学系求学的时候，年仅三十一岁的李政道先生就因在"弱作用下宇称不守恒"上的发现荣膺诺贝尔物理学奖。他的天才发现，不仅是物理学上的重要突破，也是华人在诺贝尔奖上的突破，允可称华人之光。因此，在我还是一个学生的时候，就对他的才学十分倾慕。

幸运的是，当我们的国家走出非常岁月，我们的大学恢复正规的教学研究以后，李政道先生频频回国，为我国的科学教育发展大业献计献策。就国家层面而言，他创立推行CUSPEA项目，倡导设立博士后制度，推动高能物理研究，从不同的层面帮助我国的科学教育事业得到提升与完善；就大学层面而言，他与多所大学往来密切，我所任教的复旦大学就在多方面受惠于他。

1979年，有感于国内学子难以出国学习，李政道先生创造性地设立了CUSPEA项目。作为一名物理工作者，我多次参与CUSPEA的选拔工作，故能亲切感受到他在人才选拔和培养方面的远见卓识。我的许多学生，也通过这一项目较早地进入世界一流学术机构从事科研。1982年，李政道先生受邀担任复旦大学名誉教授。此后，他在复旦设立物理奖学金、帮助建立物理综合实验室、开设讲座，为复旦的科研，尤其是物理学的科研呕心沥血。因此，在我担任复旦大学校长期间，我特别珍视我们与他的友谊，同时也殷切希望他能和复旦有更加紧密的联系。1995年，复旦大学建校九十周年，当时学校推出了一系列庆祝活动，其中有两项活动十分重要：一是在校园内竖一校训墙，上书本校校训"博学而笃志，切问而近思"；二是复旦大学成立校董会。在我们的努力邀请下，李政道先生欣然来沪，参与校庆，并在这两项活动中担任重要角色：他不仅为校训墙揭幕并发表讲演，还担任了复旦大学校董会第一届名誉主席。从此，他与复旦的感情更进一步，而我与他的交谊也愈发深厚。

就我和李政道先生数十年的交游而言，我感到，他兼有科学家、艺术家和思想家的气质，因此能在科学、艺术、教育、社会活动等多方面取得很高的成就。对于这样一位卓荦之士，仅仅学习他的科研论著，或者阅读有关他的文字传记，还不能完全把握其风神。因此，当我的老同事孙莱祥先生提出，在"䇹政基金"创立二十周年之际，多方搜寻，编辑一册《李政道与复旦》影集时，我深感此举之必要。借助现代科技，我们可以看到李政道先生不同时期在复旦大学留下的身影，让广大未能亲睹李政道先生风采的读者，借此影集遥想大师气韵。

当"䇹政基金"创立时，我刚过耳顺之年，李政道先生则已达从心所欲不逾矩之境。光阴者，百代之过客，有一些故事和精神，总会穿越如梭的岁月，长久地保存。这，也是这本影集的意义和价值。

杨福家

2018年9月

小 引
Introduction

　　李政道先生是伟大的科学家，他在物理学上的卓越成就，已然载入史册并在人类科学发展史上有一席之地。李先生不仅是专精的学者，而且是博雅的通人，他尤其钟情于艺术，好之乐之。沉潜赏鉴之外，还时常以画笔抒发情怀。科学与艺术的融通使得李先生对学术与人生都富于洞见和智慧。李先生的思想并不仅仅闪现于课堂之上与论著之中，或许是继承了中国传统的士人情怀，他不论身在何方，总是牵挂着祖国，更希冀自己的思想能对祖国有所裨益。因此，不论是在风雨如晦的"文革"岁月，还是在万象更新的"改革开放"时期，只要有机会，李政道先生就会回到祖国，尽己所能回报祖国。

　　在李政道先生九十多年波澜壮阔的人生经历中，复旦大学也曾参与其中，并留存了许多温馨和美好的片段。李先生将复旦视为他的"一所母校"和"第二个家"。李先生与复旦大学，有深交，有友谊，有故事，更有情怀。因此，将李先生与复旦大学的部分影像编辑成册，不仅能记录李先生生命中的一段足迹，也能彰显他的理念与情怀。

　　早在1972年和1974年，李政道先生就曾不辞辛劳访问祖国，并耿直地向国家最高领导人提出有关科学人才培养方面的建议。1974年，在参观了复旦大学等单位后，李先生撰写了以《参观复旦大学后的感想》为题的建议书，呼吁像培养芭蕾舞演员一样，较早地培养建立一支少而精的基础科学队伍。这应当是学成后的李先生对祖国最初的回馈，而这一回馈，即使在特殊时刻，也得到了一定的回响。中国科学技术大学少年班及复旦大学少年班之建立，即与李先生的殷切呼唤关系密切。在这一过程中，于上海长大、对上海怀有故土之情的李先生与复旦大学也建立了初步的联系。

当祖国开启"改革开放"的征程后，声望日隆的李政道先生对祖国关切益深，在大江南北行踪更频，他与复旦大学的联系也愈发紧密。据不完全统计，李政道先生先后造访复旦大学十八次。在复旦园中，李先生不仅与复旦师生纵论科学与艺术，还通过设立奖学金、基金，担任校董等方式为复旦的发展尽心尽力。某种意义上，李先生在复旦的嘉言懿行，正是他广博深邃的思想和矢志爱国情怀的集中体现。

李先生的科学成就，集中于物理学这一基础科学，故而他深知基础科学对于整体学术和学术之外的国家社会发展具有重大的奠基意义。而当科学发展至20世纪后半叶，一国之基础科学，犹赖精英人才。在百废待兴的1979年，李政道先生有感于早年赴美留学的经历，利用自己在北美学界的巨大影响力，率先与国内部分学界领袖合作创立了"中美联合招考物理类研究生计划"（China-U.S. Physics Examination and Application，简称CUSPEA），选拔优秀学子赴美学习。后来出任复旦大学校长的杰出物理学家谢希德教授对李先生此举鼎力支持，也推动复旦学子参与其中。与谢希德先生的友情进一步拉近了李先生与复旦大学的距离，于是，李先生与复旦的深入结缘，从物理学科开始。

1982年，李政道先生担任复旦大学名誉教授。1986年，李先生又在复旦设立"李政道物理奖学金"，奖励复旦大学在物理学上取得优秀成绩的学子。设立物理奖学金，固然是因为李先生的研究领域在物理学，却又不止于此。从20世纪70年代回国开始，李先生始终大声疾呼中国要重视基础科学，为了向高层领导和社会大众宣传这一点，他不仅撰写文稿详细说明基础科学和应用科学的关系，还提出了"水·鱼·鱼市场"等生动活泼的比喻强调基础科学之重要性。大学是求真之所，在重视基础科学方面更是责无旁贷。故而李先生以他最熟悉的物理学为切入点，设置奖学金激励有志于此的青年才俊，这是他重视、倡导基础学科具体而微的体现。

在若干次造访复旦大学后，1995年，恰逢复旦九十周年校庆，李政道先生再临复旦。他不仅为复旦校训墙揭幕并在校训墙前向师生发表演讲，还被聘为复旦大学校董会第一届名誉主席，进一步从全局的角度为复旦的发展擘画经营。关于大学教育，李政道先生一方面特别重视"问"，认为"学会问"比"学会答"更加重要；另一方面又尤为强调"艺术与科学不可分割"，故而大学教育不可偏狭。他的这些理念与复旦大学"博学而笃志，切问而近思"的校训不谋而合。从九十年代到今天，复旦大学对于"通识教育"的探索和追求走在全国前列，这其中自然不乏李先生教育思想的沾溉。

李政道先生不仅在思想、理念上惠及复旦，还在制度上对复旦有直接帮助。1996年，李先生一生的爱侣秦惠䇹女士不幸因病离世，秦惠䇹女士与李政道先生相知相契，对于学术和社会亦有非凡的理解。她留下遗愿，希望能够以她和李政道先生一家的私人积蓄支持中国的大学生尽早独立开展科学研究，并希望接受支持的学生中，女性比例不低于50%。

1997年，"秦惠䇹李政道中国大学生见习进修基金"（简称"䇹政基金"）在复旦大学举办了新闻发布会。1998年，该基金在北京大学、复旦大学、苏州大学、兰州大学正式资助本科生参与科学研究并授予最终结项者"莙政学者"称号。二十年间，"莙政项目"由理工科扩展至医学、人文、社会科学，涵盖学术研究的各个领域；也从最初的四所高校发展至包括新竹"清华大学"（2000年）、上海交通大学（2013年）在内的六所大学。在这二十年的变迁中，李政道先生倡导的"师生间一对一教导""让青年人尽可能早地进入科研"的精神则一以贯之。而复旦大学在"莙政基金"的基础上，结合自身情况，又生发出"望道项目""曦源项目"等本科生科研项目，形成"复旦大学本科生学术研究资助计划"（Fudan Undergraduate Research Opportunities Program，简称FDUROP），使本科生参与科学研究得到制度上的保证，并尽可能为此营造好的环境。饮水思源，FDUROP发轫于"莙政基金"；而李先生的卓识与远见铸造了复旦的学风与精神。

今年恰逢"莙政基金"项目创立二十周年，回首来时路，复旦大学的发展始终离不开李政道先生的关怀与指引。当我们检点档案馆、校史馆和本校师生私人所藏时，发现了不少李先生与复旦大学的影像。由这些影像，我们可以窥见一位大师的风采，也能看到一所大学的嬗变。故此影册之集，既有存史之意，亦有光大李先生思想之愿。

仁者寿而智者乐，李先生之仁与智，本影集仅能示其万一。然本集若能博先生一乐，则功莫大焉。

是为小引。

2018年11月

复我青年志
旦阳正义气

李政道
八九年九八

结缘复旦

Ties with Fudan University

李政道与復旦　Tsung-Dao Lee and Fudan University

参观上海复旦大学后
的一些感想　稿

今年的复旦大学和前年参观的时候
已大不一样。前年还祇有初年级的学生，
今年已经有毕业生了。前年复旦的电子计
祘机还只在装配中，今年已经完成了。在
参观的时候，和好多位同学，随便谈之，
发现潮里和自各处：有的从东北来，有的
从江南来，有的从农村来，有的从工厂来……
的〈确〉现在的大学生是从广大民众中选
出来的。他们在大学中学习的过程中，经常
去工厂，去农村，和广大人民有接触，向工
农兵学习。他们毕业后，还是回到广大
民众中去，为人民服务。这样的大学是

从来没有的。在世界其他各地也是没有
的。比人类的发展过程中，是〈非常〉必要的，
是〈十分〉正确的。

结束
这次的参观，自己也学习了不少。在座
谈的时候，提出了有没有学生程度不齐的
问题。复旦的许宝华分忑指出："从前的
学校，有两极化的大毛病。先生常祇碩程
度好的学生，程度低的学生，因为根基
差，跟不上，可是先生不管，晚差更差，越
来越低，听以问题就大了。"经过他指
出以后，发现自己这方面的错误犯得
很多也很久。在教书的时候，一有好学
生，常完全不管其他的学生了。这是错

结缘复旦

Ties with Fudan University

1-01-01. 1974年李政道《参观上海复旦大学后的一些感想》手稿节选，现藏上海交通大学李政道图书馆

思国怀乡，载誉而归
Keeping homeland in mind and returning with great honor

  作为一位享誉世界的华裔科学家，李政道先生始终关心祖国的科学和教育事业，尽其毕生努力推进我国科学和教育事业的发展。重视基础研究，重视培养青年科研人才，是李先生一贯的理念。

  1972年，李先生携夫人回到阔别多年的祖国时，抵达的第一站就是上海，并专程参访了复旦大学。

  1974年，李先生再次调研复旦大学。他结合以前的经历，深深地为祖国基础科研的不足而忧虑，于是向党中央递交了《参观上海复旦大学后的一些感想》，强调基础科学研究的重要性和紧迫性，并呼吁培养青年科技人才。此后，在毛主席接见谈话时，李先生再次建议。他的意见与建议获得了毛主席、周总理等领导人的肯定。

Ties with Fudan University

结缘复旦

1-02-01. 1974年5月30日，毛泽东主席接见李政道

1-02-02. 1972年10月14日，周恩来总理接见李政道

李政道与复旦　Tsung-Dao Lee and Fudan University

　　1973年，经周恩来总理批准，李政道先生将儿子李中清送到复旦大学学习。历史学系著名教授谭其骧曾为李中清单独授课。

1-02-03. 20世纪70年代，李政道访问复旦物理学系，与卢鹤绂（左一）、谢希德（右一）等座谈

Ties with Fudan University

结缘复旦

1-02-04. 李中清保存的就读复旦大学期间的个人影集

复兴学术，首倡制度
Revitalizing academic research and initiating regulations

20世纪80年代初，中国开始选派年轻学生出国留学，并派老师与科研人员出国进修，李政道先生又在美国设立了高能物理实验领域的中国访问学者项目，被称为"李政道学者"项目。另一方面，由于国内尚未开设GRE和TOFEL考试，难以考查学生的英语水平，所以美国一流研究生院无法录取中国学生。为此他设计了中美联合招考物理研究生项目，即CUSPEA项目，每年约有百名物理学系高年级学生得以进入美国一流的研究机构深造，为中国培养了大批优秀人才。

为了促进科研人才的流动，创造继续深造的环境，使新毕业的博士学有所用，李政道先生向邓小平建议设立博士后制度。为了国家科研战略和经费问题，他又建议设立国家自然科学基金委员会。1985年7月，我国开始试行博士后制度，1986年国家自然科学基金委员会成立。他直接促成了我国科学事业两项重要的基本制度的建立。

Ties with Fudan University

结缘复旦

1-03-01. 1985年CUSPEA代表团在加州理工学院召开总结会，李兆平与李政道等合影

1-03-02. 1984年2月17日，《文汇报》关于复旦大学严民、李兆平、黄坚分别考取赴美研究生统考数、理、化第一名的报道

李政道与复旦 Tsung-Dao Lee and Fudan University

  1985年复旦大学开始实施博士后制度，洪志良是全国高校系统第一位博士后，他的合作导师是谢希德教授。

  1993年5月30日，李政道先生专门画了《博士后之花》，并作藏头诗："祝贺中华青年，博采科学精华，士当为国争光，后辈必能居上。"随后，李先生还指着这四句话的头一个字，向大家解读："这首诗还应该这么读，'祝博士后，后辈必能居上'。"

1-03-03. 博士后洪志良（左）与合作导师谢希德

1-03-04. 李政道《博士后之花》手稿

Ties with Fudan University

结缘复旦

> 如何安排"博士后"的科技
> 青年的一些建议
>
> 近几年来祖国已在培养相当数
> 量的博士学位的科技青年。如何
> 安排这些青年，使他们能对建设四
> 化发挥最大能力，是一值得思攷的
> 问题。
>
> 就拿通过 CUSPEA（中美物理联攷
> 入学）的青年来讲。在美国的已有
> 三届，都是计划得物理学博士学位。
> 总数为362位。加上今后又有三届。
> 选拔的总数可达x百位左右。在这
> 362位中已经选定去世者*有285人
>
> *在美国研究院，通常第一年的研究生是不定去世的

1-03-05. 李政道关于建立"博士后"制度建议的手稿

开坛复旦，传播理念
Popularizing new concepts by giving lectures

改革开放以后，李政道先生与复旦大学结下了不解之缘。1982年3月18日，复旦大学授予李政道名誉教授，颁发了聘书和校徽。李先生在致辞时说："复旦，从今以后为我母校。"会后他作了题为"随机格场论"的学术报告。从这一年开始，李先生几乎每次到复旦都会作学术报告，1982—2005年间，共作了12次报告。报告内容不局限于物理学科，他强调科学与艺术的密切联系，拓宽了复旦师生的学术视野。

李先生受聘复旦后，在推动我国各项科学研究制度的同时，先后创设了李政道物理奖学金、李政道物理学综合实验室，以全新的机制推动了复旦大学物理学等相关学科的长足发展。世纪之交，李先生为了激励本科生的学术成长，又捐资创立了"箸政基金"，培养了几代复旦学子。李先生为复旦的发展倾注了大量心血，正如他题词所言："复我青年志，旦阳正义气"，其目的就是期望复旦大学的青年学子要有自信、有志气，能在科学领域为国争光。

Ties with Fudan University 结缘复旦

1-04-01. 苏步青为李政道佩戴复旦大学校徽

李政道与复旦 TSung-Dao Lee and Fudan University

1-04-02. 1982年3月,复旦大学举办授予李政道名誉教授证书仪式

Ties with Fudan University 结缘复旦

1-04-03. 授予仪式后李政道作学术报告

李政道与复旦 Tsung-Dao Lee and Fudan University

1-04-04. 1990年,李政道在"李政道物理奖学金"颁奖大会上作关于现代物理学的演讲

Ties with Fudan University　结缘复旦

1-04-05. 1993年5月,李政道在物理学综合实验室揭牌仪式后作学术报告

1-04-06. 1994年10月,李政道在物理奖学金颁奖仪式后作学术报告

李政道与复旦 Tsung-Dao Lee and Fudan University

1995年5月27日，复旦大学90周年校庆，复旦大学成立校董会。李政道先生被聘为校董会名誉主席，并受邀为新落成的校训墙揭幕。李先生在校训墙前作了题为"'学'和'问'"的学术报告。

1-04-07. 1995年5月，杨福家与李政道共同为校董会揭牌

Ties with Fudan University

结缘复旦

1-04-08. 李政道在新落成的校训墙前作学术报告

1-04-09. 为庆祝复旦90周年校庆而建的校训墙

李政道与复旦 Tsung-Dao Lee and Fudan University

  李政道先生一贯强调科学与艺术的密切联系，认为二者不可偏废。1997年11月6日，复旦举行"秦惠䇹—李政道基金"新闻发布会，李先生以"科学与艺术"为题作报告。2004年10月19日，李先生出席在复旦举行的第六次"䇹政基金"年会，作了关于"诗与科学"的报告。

  2012年，复旦学子秉承李先生这一理念编印成"科学与艺术"年历，李先生读后欣然寄来题字。

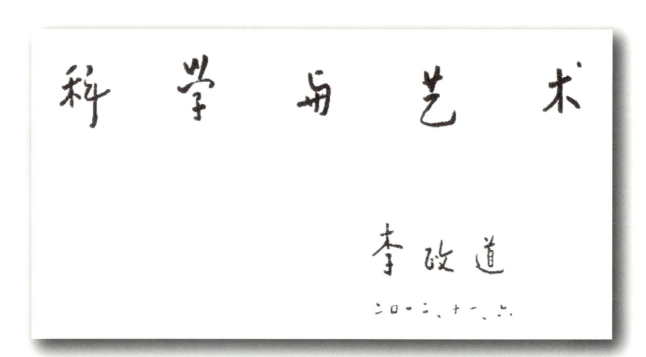

1-04-10. 李政道为"科学与艺术"年历的题字

Ties with Fudan University　结缘复旦

1-04-11.　1997年11月，李政道作"科学与艺术"报告，杨福家主持

1-04-12.　2004年10月，李政道作"诗与科学"报告

李政道与復旦 TsungDao Lee and Fudan University

2005年10月19日，为纪念"相对论"发表100周年和复旦大学建校100周年，李政道先生应邀在复旦大学作了题为"在上海纪念爱因斯坦及科学与艺术的关系"的学术报告。

1-04-13. 作报告前，李政道与王生洪晤谈

Ties with Fudan University

结缘复旦

1-04-14. 李政道报告现场

李政道与复旦　Tsung-Dao Lee and Fudan University

　　1985年，李政道先生与复旦大学研究生院院长杨福家在谈及如何鼓励国内优秀青年学生奋发学习时，倡议在复旦大学设立一个旨在鼓励特别擅长物理学的学生的奖学金。复旦大学遂决定设立"李政道物理奖学金"。1986年9月，第一届"李政道物理奖学金"颁奖仪式举行。

　　谢希德、华中一、杨福家三任校长均极为重视"李政道物理奖学金"，出席了历届颁奖仪式。

1-04-15.　1986年，李政道与谢希德（右二）、华中一（右一）、杨福家（左一）晤谈

Ties with Fudan University 结缘复旦

1-04-16. 1990年10月，华中一向李政道赠送礼品，该礼品为1989年李政道在复旦题词"复我青年志，旦阳正义气"的拓片

在李政道先生的支持下,复旦大学设立了以李先生名字命名的物理学综合实验室。揭牌仪式于1993年5月25日举行。该实验室的宗旨是追求一流的研究成果,培养卓越的青年学者。采用特聘研究员制度,每年9月向国内外招聘。

1-04-17. 1993年5月,"李政道物理学综合实验室"揭牌仪式举行

Ties with Fudan University　　结 缘 复 旦

李政道与复旦 Tsung-Dao Lee and Fudan University

　　李政道先生认为，"科学的成就出自青年"，为了激励年轻人的成长，用私人积蓄设立了"秦惠䇹—李政道基金"，选拔学习优秀、有志于科学研究的本科生，使他们提前对科学研究有一定的了解并接受必要的训练。上海是李先生和秦女士的第二故乡，所以他首先选择了复旦大学。1997年11月6日，"䇹政基金"在复旦大学举行发布会。1998年1月23日，复旦大学等四校在北京与"䇹政基金"签约，复旦大学开始实施"䇹政学者"项目。

1-04-18.　1997年11月，"秦惠䇹—李政道基金"新闻发布会现场

Ties with Fudan University

结缘复旦

1-04-19. 1997年12月6日，李政道致杨福家信手迹。信中说明了设立"䇹政基金"的缘由，并明确提出首批在复旦大学、北京大学、兰州大学、苏州大学试办

1-04-20. 1999年9月,李政道与王生洪出席复旦大学"箸政学者"座谈会

1-04-21. 1999年9月,李政道与复旦大学"箸政学者"导师及校领导合影

Ties with Fudan University

结缘复旦

1-04-22. 2000年，李政道与杨福家、王生洪等出席复旦大学"箬政基金"年会

1-04-23. 2004年，李政道与杨福家等亲切交流

拜望先生，交流思想
Exchanging ideas with Fudan leaders

　　复旦大学历任校领导珍视与李政道先生的情谊，经常拜会，交流思想，听取他对复旦大学建设发展的宝贵意见。1986年11月30日，谢希德校长、杨福家教授受邀出席李先生60岁寿宴。1989年和1993年，杨福家、谢希德分别在家中宴请李政道夫妇。2001年11月30日，研究生院院长周鲁卫受王生洪校长委托，代表复旦大学祝贺李先生75岁寿辰。2006年11月12日，蔡达峰副校长祝贺李先生80岁寿辰。2014年4月4日，在杨福家老校长带领下，十多位复旦"箸政学者"赴哥伦比亚大学拜访李政道先生。

Ties with Fudan University

结缘复旦

1-05-01. 1986年11月,李政道60寿宴上谢希德与李政道、吴大猷(中)合影

1-05-02. 李政道60岁寿辰,与杨福家、叶铭汉(左)合影

李政道与复旦 Tsung-Dao Lee and Fudan University

1-05-03. 1989年9月,杨福家设家宴招待李政道与夫人秦惠䇹

1-05-04. 1993年5月,谢希德在家中接待李政道夫妇,参加接待的有杨福家、陶瑞宝(左一)

Ties with Fudan University

结缘复旦

1-05-05. 2001年11月，周鲁卫祝贺李政道75岁寿辰

1-05-06. 2006年11月，蔡达峰祝贺李政道80岁寿辰

李政道与复旦 Tsung-Dao Lee and Fudan University

1-05-07. 2014年4月,杨福家率复旦师生拜访李政道(左起:杨福家、李辉、李政道、黄美芬)

Ties with Fudan University

结缘复旦

1-05-08. 2014年4月,李政道与来访复旦师生合影

李政道与复旦　Tsung-Dao Lee and Fudan University

1-05-09. 李政道与杨福家、徐雷晤谈

结缘复旦
Ties with Fudan University

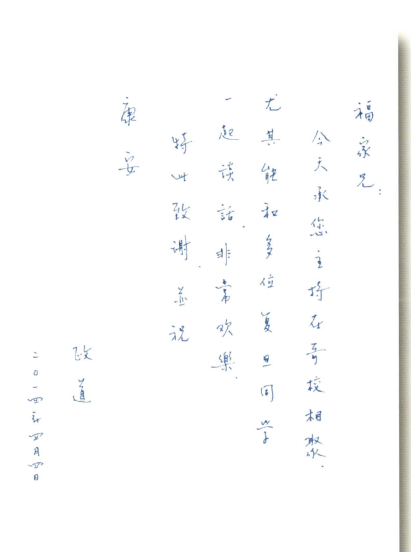

福家兄：

今天承您主持在母校相聚，尤其能和多位复旦同学一起谈话非常欢乐。

特此致谢 并祝

康安

政道

二〇一四年四月四日

1-05-10. 李政道致杨福家信稿

兆子同学

　　非常感谢

　　预祝你在
我动。

　　期望你和
多做贡献祝
好

心 系 物 理

Dedication to physics

李政道与復旦　Tsung-Dao Lee and Fudan University

李政道教授致中国科学院
严济慈研究生院的信
（一九七九年十一月九日）

严副院长：

谢主来信。接来信离开北京已有四个月多。在中国时蒙您对惠君和我的照顾，常在念中。暑期时，学校和我要回在北京时，又蒙招待，更为感谢。

最近吴主任同学都早已在组织安排下来，倒并非全是学生来学校，他们给我们学校和我的印象很好，想手已有信向您直接报告。我们都希望他们将来能一切成功。

在这封信中，想和您商量一下，关于明年继续接受由中国来学校报名参加研究生的问题。

通常我们收研究生都需要经过 graduate record examination（简称 G.R.E.）。由 G.R.E. 的结果，加上学生在大学的课程成绩，因

※ 同复旦大学同德原件誊录

教授的介绍信而决定。因为中国还没有设置 G.R.E. 考试的设备，建以关于明年的招生，我们希望能和您责同。哈佛等和其他教授都劝我们如此，不知道您同意吗？

一、这一次招生，我们想以研究生院和北大为主。因而，同时我也有一封信给同济涛校长，想您能和他取得联络。

此外，我们希望其他学校如物理研究生和北大学生中报名好学者有意愿的学生也能参加。

二、不同学校的学生最好在同一地点、时间参加考试。地点和时间只好请您等和北大决定。

假使来得及的话，最好时在明年一月三日（或以前）放。因为那时候我估计来中国参加广州的粒子物理会议。

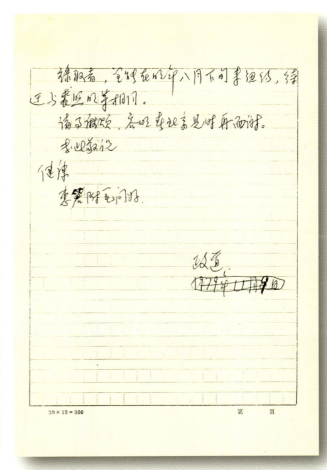

2-01-01. 2014年4月，李政道致中国科学院严济慈副院长的信（手抄件），现藏上海交通大学李政道图书馆

凿空开路，创 CUSPEA
Opening up a new road with CUSPEA

　　1979年，由于国内尚未开设GRE和TOEFL考试，北美高校无法录取中国学生，李先生创造性地设计了中美联合招考物理研究生项目，即CUSPEA项目。每年约有百名物理学子得以进入北美一流的研究机构深造，此创举大受好评，数学、化学等领域的北美知名教授纷纷效仿此制度推行相应的选拔项目。十年间，李先生凭借个人影响力推动这项考试并亲自组织，数千物理学子直接受惠于此，而更多的理科学子也间接受此帮助得以跨越太平洋。

　　CUSPEA项目对于我国物理学意义重大，作为物理学研究重镇的复旦大学始终积极参与其中。巧合的是，20世纪80年代至90年代连续三任复旦校长谢希德、华中一、杨福家教授都是杰出的物理学者，李政道先生与复旦物理一再结缘。

Dedication to physics 心系物理

2-02-01. 2015年11月,CUSPEA同学联谊会合影

李政道与复旦　TsungDao Lee and Fudan University

CUSPEA并非一经推出就广受认可。开始时美国很少有大学认同这一项目。李政道先生为此项目呕心沥血，不仅在宏观制度层面多方改进，还在细节上亲力亲为。他为每位学生写推荐信，连同他们的申请书都由李先生本人及其家人一起封装、贴邮票并寄出。有时信件太多，塞满了附近的邮筒，以至于要让儿子李中清到另一街区投递。

2018年8月，当复旦大学相关老师拜访李中清教授时，他对于二十多年前的这段经历还记忆犹新。

2-02-02. 今日美国纽约哥伦比亚大学地铁站的一处邮筒

Dedication to physics 心系物理

2-02-03. 2018年8月，孙莱祥等复旦大学老师在上海拜访李中清（左三）

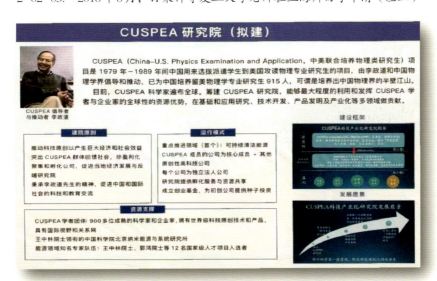

2-02-04. 拟建CUSPEA研究院的相关信息

李政道与復旦 Tsung-Dao Lee and Fudan University

　　CUSPEA项目不同于"'一刀切'的以分数论成败的考试"，复旦学子沈志勋就是一例。沈志勋于1982年参加CUSPEA考试，笔试成绩并不十分出众，但在面试中颇受美国教授青睐，1983年被美国罗特格斯大学录取。两年后，转入斯坦福大学，1989年获得博士学位，毕业后留校任教，2000年晋升教授。曾任斯坦福大学Geballe先进材料实验室主任、材料与能源科学研究所首任所长，SLAC国家实验室首席科学家（Chief Scientist），美国能源部能源科学指导委员会副主任。2015年4月28日，入选美国国家科学院院士。2017年4月10日，入选美国人文与科学院院士，同年入选中国科学院外籍院士。

2-02-05. 沈志勋在美国看望李政道夫妇

及德国马普研究所伙伴研究小组组长。

杨福家对学生精心培养,一旦条件成熟,他就"大胆放手",让他们在外面的世界自由闯荡。邹亚明就得益于这种培养方式。1987年,第三次中日加速器应用学术大会在日本东京举行。中方去了30人,按照惯例,这样的国际学术会议一般都是派副教授以上的人参加,杨福家却派还是学生身份的邹亚明(当时是全国第一批实验核物理博士生,已完成博士论文撰写,正在等待答辩)参加,这是参加会议的唯一的中国学生,她在会场宣读论文,反响很大。同去的国家教委科技司的领导写信给杨福家说:"与会的代表,不少是知名专家或有成就的学者,邹亚明是这次会上唯一的一个学生。……她反应快,外语也好,回答问题很流利。报告结束时,大家报以热烈掌声。听会的也有一些中国留学生,从中受到鼓舞,感到扬眉吐气。……我深深感到,有选择地派一些研究生出席国际会议是十分必要的,这对显示和让外国人了解中国的教育水平,无疑是一种好方式,其影响远远超过学术交流本身。"这样的"放手",对于促进学生的成长、帮助他们在学术上尽快成熟、独当一面,其作用不可估量。

沈志勋是恢复高考以来复旦培养的最杰出的学者之一。他1962年出生于浙江温州。恢复高考的第三年,他以优异的成绩顺利进入复旦大学物理系。沈志勋能够留学美国,是离不开杨福家的提携和帮助的。

美国大学录取外国留学生一般都要求TOEFL和GRE,但20世纪80年代在中国却无法参加这类考试。李政道教授采用创新的办法,发起了中美联合培养物理类研究生计划——CUSPEA(China-United States Physics Examination and Application),先进行资格考试(这是一般学生进美国研究生院后两年内要通过的考试,否则不能成为正式博士生),然后择优进行面试。面试教授由美国轮派,对应试同学的专业与外语进行考核。

CUSPEA自1979年开始,共进行了10年。正是通过这一项目,中国留学生开始为国外一流大学所认可和接受。1982年,共有200位学生通过了CUSPEA笔试,沈志勋在资格考试中排名近200名,在当年的14名复旦学生中排名最末。但经过美国教授的面谈,觉得他不错,成绩上升到第122名。按照原定计划美方只能录取120名,杨福家找到负责人,说沈志勋条件不错。后来美方增加了录取名额,录取了124名(杨福家作为全国评审委员会成员参加了择优过程)。最后,沈志勋被美国罗彻斯特大学录取,于1983年入学。是金子总会发光的,两年后沈志勋就因为成绩优异而转入名校斯坦福大学,1989年获得博士学位后,他留在斯坦福大学任教,在2000年获得大学正教授职位。1997年他成为美国能源部顾问,并于2000年当选为顾问委员会副主席。现在他被选为斯坦福大学Geballe先进材料实验室主任、斯坦福线性加速器中心高级材料X射线实验室主任,这是华人首任此要职。2015年4月29日,沈志勋成功入选美国国家科学院院士。

沈志勋这么优秀,尚且在斯坦福大学做了3年博士后,做了4年助教授(讲师),又做了4年副教授,才被聘为正教授。虽然这在斯坦福大学已经是非常快了,而且在他还是副教授的时候,学校领导就为他拨出一笔专款同意他在校园里造别墅,这是很不平常的破格措施!但是即便如此,升等制度还是相当严格地被执行!所以,杨福家感叹说:"这正是国际知名大学遵循的用人规则,即使到了21世纪的今天,情况依然如此。从博士后直接升为正教授的做法,不要说在世界一流大学,即使在二三流大学也几乎是找不到的。"

杨福家培养的优秀学生还有很多,限于篇幅,在此不一一列举。

七、高等教育思变革

20世纪70年代末,杨福家开始指导研究生,开始思考如何提高研究

◆ 杨福家和沈志勋

2-02-06. 《杨福家传》一书中对沈志勋参加CUSPEA考试的相关情况记述

李兆平，计算神经科学专家。1984年本科毕业于复旦大学物理学系，曾在CUSPEA考试中获得全国第一的佳绩，1989年获物理学博士学位。她曾在费米国家实验室、普林斯顿高等研究院等科研机构从事博士后研究。后与其先生 Peter Dayan 任职于University College London、Max Planck Institute等科研机构。

2014年，李兆平的学术专著 Understanding Vision: Theory, Models, and Data 于牛津大学出版社出版，李兆平寄赠李政道先生以表达感激和崇敬之情。李先生收到后欣然回信，给予鼓励。

2-02-07. 李兆平夫妇近影

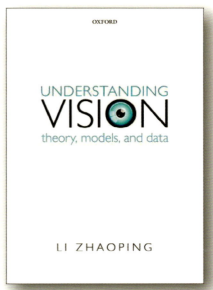

2-02-08. 李兆平的著作

Dedication to physics 心系物理

兆平同学：

非常感谢你赠送的大著。

预祝你在学术上取得更大成功。

期望你和CUSPEA同学为祖国多做贡献。祝

好

李政道

2015年2月9日

2-02-09. 李政道给李兆平的回信

李政道与复旦 Tsung-Dao Lee and Fudan University

激励青年,设奖学金
Offering scholarship to encourage the younger generation

1985年,为激励复旦物理学子,李政道先生倡议设立"物理奖学金"。这一倡议得到了复旦大学的积极响应,同时也获得了美国EG&G-ORTEC公司的大力支持。于是由EG&G-ORTEC公司出资,以李先生冠名的"李政道物理奖学金"在复旦大学落地生根。

1986年9月29日,复旦大学"李政道物理奖学金"首届颁奖仪式隆重举行。在仪式上,李先生题词"复兴文化,旦旦生光",寄语复旦学生献身科学,日复一日地努力,为国增光。这一奖学金一共颁发了九届,主要授予复旦大学在物理学领域有突出成绩的学生,也惠及部分优秀的中学生。

Dedication to physics 心系物理

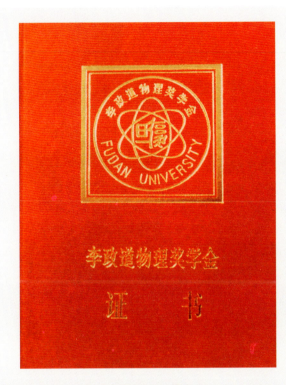

2-03-01. "李政道物理奖学金"证书

2-03-02. "李政道物理奖学金"徽章

2-03-03. "李政道物理奖学金"奖牌正反面

李政道与復旦　Tsung-Dao Lee and Fudan University

2-03-04. 1986年9月，首届"李政道物理奖学金"颁奖大会举行，上海市副市长刘振元向李政道赠送纪念品

Dedication to physics 心系物理

2-03-05. 1986年,李政道、EG&G-ORTEC公司代表和"李政道物理奖学金"评审委员会合影

2-03-06. 1986年,李政道、EG&G-ORTEC公司代表和"李政道物理奖学金"获奖学生合影

2-03-07. 1986年9月30日,《光明日报》关于首届"李政道物理奖学金"的报道

心系物理
Dedication to physics

我校颁发"李政道物理奖学金"

倡导竞争 鼓励拔尖
李政道教授寄语复旦学生为国"旦旦生光"

本报讯 （记者柳纪）由诺贝尔奖金获得者、我校名誉教授李政道命名的复旦大学物理奖学金于九月二十九日隆重举行首届授奖仪式。上海市副市长刘振元亲临授奖仪式并发表了讲话。

获奖的有复旦附中学生陈于群，大学部本科生卫星、张敏、张明、胡畏、张翔，硕士生史传进，博士生侯晓远。他们多数崭露头角于中学时代，以参加省市、全国物理类竞赛的优异成绩获推荐资格，再经过选拔赛的角逐、评审委员会的考核得以脱颖而出。研究生以出类拔萃的学术水平及独立科研能力而荣获奖励。李政道教授及有关领导授予他们金质奖章、荣誉证书等；奖金的发放，采取"一次获奖资助几年"的办法，直到完成现学段的学业为止。

李政道教授在授奖仪式上说，这八位获奖同学只是众多青年学生中极少部分的代表，他相信在未来复旦将会源源不断地涌现出大量的拔尖人才。他激动地题写了"复兴文化、旦旦生光"八个字（见图），寄语复旦学生献身科学，日复一日地努力，为国增光。

这次评选还设立了鼓励奖，授予高中生蒋伟、本科生陈琪、杨烈、袁越、刘大江银质奖章。

图为李政道教授向学生发奖。 杨光亮摄

2-03-08. 1986年10月11日，复旦大学校刊关于首届"李政道物理奖学金"的报道

李政道与复旦 TSung-Dao Lee and Fudan University

在"李政道物理奖学金"的激励下，复旦大学涌现出了一批优秀的物理学人才，首届获奖者侯晓远就是其中的佼佼者。侯晓远现任复旦物理系教授、教育部"长江学者"特聘教授。曾任《物理学报》《中国物理快报》编委，中国物理学学会表面物理专业委员会主任，中科院物理所表面物理国家重点实验室等多个实验室的学术委员会委员。

2-03-09. 第一届"李政道物理奖学金"获得者侯晓远与EG&G-ORTEC公司高级科学家参观实验室

心系物理
Dedication to physics

天时地利＋奋击＝"漂亮结果"
——记物理系博士生侯晓远

物理系博士生侯晓远被他的老师们交口誉为"近年来较少看到如此踏实卖力的学生"。不久前，他以较深的理论造诣和出色的实验成果荣膺了首届李政道物理奖奖金。我校的先进设备条件及良好的师资队伍固然是侯晓远成功的温床，但正如他的导师王迅先生所言：关键在于"顽强毅力和创造性"。

天时地利人和

侯晓远是恢复高考后第一批入校的学生，可谓占尽了天时地利。带他从硕士读到博士的王迅先生是位严格务实、鼓励大胆创新的导师。确定研究方向时，他卓有远见地为侯晓远选择了磷化铟——一种新颖的很有发展前途的半导体材料作为课题，而且建议他越过别人苦干多年的非极性表面研究，直接将国际上起步较晚的更有实际用途的极性表面研究当作主攻方向。这就使得侯晓远在选题上有了一定的超前性，自己获得的第一手资料也是该领域的较新发现。硕士毕业前夕，导师又劝他不图虚名，放弃硕士学位直接攻读博士，省下了做论文的宝贵时间。

实验室的工作人员说，侯晓远常常是"泡"在实验室里。有时连续一个多月，每天都把三分之二的时间耗在那里，早上七八点进去，深夜才恋恋出来。而且他做实验很细致，精密仪器交给他使用总是让人很放心的。他自己回忆道："我念本科时并不喜欢做实验，技巧生硬，常出些不大不小的事故。后来逼上梁山，索性泡在实验室里，强化自己的兴趣，最后竟感到做实验也是种享受。摸准了仪器、仪表的习性，它们也仿佛有灵性似的，是你手指和头脑功能得心应手的延长和放大。"

理论与实验并重

理论思维和实验能力并重是载着侯晓远驶向成功之路的双驾马车。他认为不为做实验而做实验的人，充其量只是一件高级工具；唯有实验者头脑里存在着创造性的思考，实验才会有漂亮的结果。"漂亮"是这个年青人梦寐以求的境界。有一次他做InP（111）的表面电子态实验，发现实际测得的数据与按理论计算的结果不符合。他没有

因为侯晓远在实验室精心做实验。
杨光亮摄

以"在实验误差之内"的借口打马虎眼，而是经过精细繁复的计算，提出了该物质表面结构的新模型，弄清了这些似有佯含混模糊的问题，得到学术界好评。

侯晓远以他连续的成绩向世人展示着我国自己培养的博士生的水准。攻读研究生五年来，他独立或与人合作完成了十多篇论文，先后在《物理学报》等专业杂志上发表，有的已出现在《表面科学》等一类国际性学术刊物上。

走过物理楼、科学楼辘辘大厦，那里集聚着我们这个贫穷国度尚不多见的一流设备，有许多甘为人梯的科学精英。天时地利人和，身为复旦人是幸运的。

本报记者 袁新

市有关单位联合举办"文化改革与开发
庄副校长首场演讲《中国文化在世界

日前我校庄锡昌副校长在上海国际俱乐部会场举行的"文化改革与开放"系列演讲争鸣会上，以《中国文化在世界文化中的地位》为题作了首场讲演。

庄副校长在演讲中指出，我们面对的中国文化传统是纷乱复杂的，所以近来人们对此存有一种矛盾的心理：既为其历史悠久而自豪，又以其古老为桎梏、包袱。

他指出我们应首先抛弃某种"狭隘的民族主义"情绪，把中华文化置于世界文化的范围之内来考察，在与其它文化的比较中，才能发现自己的特点、优势。世界几个文明发源地：两河流域、埃及、希腊等，在千年之后的今天它们的光辉文明都已涸润了。它们的原始文化只有靠考古学家才能继承。而唯有中国文化绵延至今，

2-03-11. 1989年9月，李政道和复旦大学校领导步入第四届"李政道物理奖学金"颁奖会场

Dedication to physics

心系物理

2-03-12. 1989年9月,李政道在第四届"李政道物理奖学金"颁奖仪式前题词

2-03-13. 1989年9月,李政道给第四届"李政道物理奖学金"获奖者颁奖

李政道与复旦 TSUNG-DAO LEE AND FUDAN UNIVERSITY

2-03-14. 1990年10月,李政道在第五届"李政道物理奖学金"颁奖仪式上讲话(左起:钱冬生、华中一、李政道)

Dedication to physics 心系物理

李政道与復旦 Tsung-Dao Lee and Fudan University

2-03-15. 1990年10月,谢希德在第五届"李政道物理奖学金"颁奖仪式上向李政道赠送纪念品

Dedication to physics 心系物理

2-03-16. 1990年10月，李政道向刘丽英同学颁奖，右图为刘丽英的"李政道物理奖学金申请表"

李政道与复旦   Tsung-Dao Lee and Fudan University

2-03-17. 1994年10月,第九届李政道物理奖学金颁奖会

2-03-18. 1994年10月30日,复旦大学校刊关于第九届"李政道物理奖学金"颁奖的报道

Dedication to physics 心系物理

2-03-19, 2-03-20. 1994年，李政道与获奖中学师生合影

李政道与復旦　Tsung-Dao Lee and Fudan University

2-03-21. 谢希德为《李政道物理奖学金纪念册》题写书名

Dedication to physics

心系物理

上海市政协主席
中国科学院学部委员
复旦大学顾问
李政道物理奖学金评审委员会主任委员
复旦大学教授

谢希德

我代表复旦大学李政道物理奖学金评审委员会,并以我个人的名义,热烈祝贺"李政道物理奖学金纪念册"的出版。

六年前,为了鼓励青年学生立志献身科学,振兴中华而积极进取,勤奋学习,特别为了鼓励那些爱好并擅长物理的我国广大青少年学生早日成才,由诺贝尔物理奖获得者、美国哥伦比亚大学教授李政道博士创议并得到了美国EG&G·ORTEC公司的资助,在复旦大学设立了以李政道教授命名的物理奖学金。

过去五年,复旦大学先后共有32位大学本科生和研究生获得了李政道物理奖学金,极大地鼓舞了获奖者,使他们在品德、学习和科学研究等各个方面都取得了可喜的进步,他们中的不少人已在各自的研究领域里获得令人瞩目的成果,有的还被列入了"国际有成就领导者"名人录,有的得到了各种资助派往国外进一步深造。

在"李政道物理奖学金"画册出版之际,我们特别感谢李政道教授为发展我国科学技术和教育所付出的艰辛劳动,为培养我国广大青少年学生所倾注的巨大心血,对于美国EG&G·ORTEC公司为发展我国教育事业、发展和复旦大学的良好合作关系所付出的努力,我们表示衷心地感谢和赞赏。

最后我们还怀着十分崇敬的心情感谢广大中学领导和教师,获奖者的导师以及社会各界,感谢他们培养了一批又一批的优秀学生,感谢大家对复旦大学工作的支持。

祝我国青少年学生努力学习,不断进步!

诺贝尔物理奖获得者
美国哥伦比亚大学教授
复旦大学名誉教授

李政道

1989年9月18日,我为复旦大学的青年学生题了这样两句话:

"复我青年志,且扬正义气"

青年同学们,你们应当记住,1931年9月18日,"九一八"事变使中国丧失了全部的东北,紧跟着是"八·一三"事变,整个中国受到亡国的威胁,整个中华民族可能变成亡国奴。然而,中国的青年是有自信心的,中国人民是有民族自尊心的。所以,我们渡过了这些难关和险关,同样的,今日的中国取得了极大的成就,同时,也面临着多困难,唯一的解决办法是靠中国的青年,要有自信心,要充满民族自尊心,要有志气。一个依赖过去的民族是没有前途的,可是,一个忘记祖先的民族虫是没有希望的,我们都知道。二十世纪的科技都依靠量子力学。量子力学是由经典力学发展演变过来的。没有一个人只懂量子力学而不懂经典力学,不懂经典力学或不会懂量子力学。当然,也不是懂经典力学就意味着懂了量子力学。所以,我要重复一下,一个依赖过去的民族是没有前途的,可是,一个忘记祖先的民族也是没有希望的。要有前途。一个民族必须了解自己的历史的优越性,必须向前看,要前进,要开放,要前进。因此,我今天用十二分的热情,同前五届的获奖者表示祝贺。我更希望他们要"复我青年志,且扬正义气",不能忘记,青年要有志气。同时,要发扬正义气。

复旦的同学们,全中国的同学们,你们要为中国人争气。

谢谢!

2-03-22. 李政道、谢希德为纪念册所写寄语

创新平台，建实验室
Setting up laboratories as innovation platforms

为拓宽复旦物理研究面并与国际接轨，复旦大学杨福家校长向李政道先生提议，用他的名字来命名成立一个实验室，李先生欣然回复："如能对复旦有帮助，我是愿意的。"1993年，复旦大学决定成立李政道物理学综合实验室，该实验室的宗旨是追求一流的研究成果，培养卓越的青年学者。实验室采用特聘研究员制度，每年9月向国内外招聘。实验室经费由谢希德校长多方筹措，给研究员充足的经费。实验室鼓励多学科的专家借助这一平台做创新研究，发表高质量学术论文。

同年5月25日，李先生携夫人亲临上海，为"复旦大学李政道物理学综合实验室"揭牌。

Dedication to physics 心系物理

2-04-01. 1993年5月,"复旦大学李政道物理学综合实验室"揭牌仪式举行

2-04-02. 1993年5月，李政道为"李政道物理学综合实验室"揭牌

2-04-03. 揭牌仪式上学生代表向李政道献花

Dedication to physics 心系物理

2-04-04. 1993年6月1日，复旦大学校刊对"李政道物理学综合实验室"成立的报道

2-04-05. 1994年1月5日，复旦大学校刊对"李政道物理学综合实验室"聘任首期特邀研究员的报道

Thinking of Chun (菌)

The Bamboo Spirit
  desolately desolately
  asks the Autumn Wind,
Whither through the
  mist mist goes my image?

Tsung (政)
early morning
November 29, 1996

育 英 箐 政

**Founding Chun-Tsung Program
for talent cultivation**

李政道与復旦　Tsung-Dao Lee and Fudan University

关于"秦惠䇹李政道基金"

秦惠䇹生前一直十分关心祖国的科学和教育，尤其对祖国年轻人的培养，如CUSPEA、博士后尤为热心。这方面近二十年来和我一起做了很多工作。去年她病危期间，仍对祖国年轻人的培养极为关怀。嘱咐我一定要继续关心和帮助祖国大学生（特别是女学生）学习和了解科学。

惠䇹逝世后，许和许家人郑宇攻庆一致决定将惠䇹和我私人有限积蓄的存款全部捐助祖国的教育事业，设立为纪念惠䇹的秦惠䇹与李政道中国大学生见习进修基金。这基金与一般教育基金的宗旨颇有不同的地方，规模虽小，但或可以此作一批方向的初步试验。

惠䇹和我特别攻虑到，高科技一方面对近代社会发展越来越重要，而另一方面则大部份人都不足以了解可

能是的科学技术专家。惠䇹生前并非她本人不是学自然科学的，但因和我日常生活一起，对科学有亲切感，虽不了解其细则原理，但对一般科学成果的来因和去势不觉陌生。亦能有所体会其相较大蒙。这些认识使她对社会的发展增加了许多实质的了解。

以汽车作为一个例子。现代社会中大家都坐过汽车。可是大多数人并不懂得这车的内部构造和发动机原理。可是这至不影响人们对这车用途的认识。但假使有一位从来没有和汽车有任何接触的人，忽然看到一辆汽车，假使使他相信，他周围许多同样汽车的机器，各车之间相距仅数尺，在同一条"高速公路"以每小时一百公里的速度驾驶，方向或相同，或相反，飞奔向前。他一定会觉得极不安全，不相信能成为一种公共交通

Founding Chun-Tsung Program for talent cultivation

育英箐政

的用具，任何科技也一样。假使没有任何接触，必很可能产生很多错觉。

因而"秦惠䇹与李政道中国大学生君期进修基金"的宗旨是支持选定大学中优秀有志的本科学生，利用暑期和课余时间，单物别造条件，使他们能了解和景仰科学研究领域工作的训练和经验。尤其是时非自然科学系的学生，使他们较早就有一段时间与活跃的科学家每天接触，以扩大他们日后的眼界。这基金支持的学生应一半是女性。

我们这个想法，得到了很多朋友们的鼓励和支持。因此筹备建立这一基金。我们决定首先在复旦大学（惠䇹和政均生於上海，上海是我们的第二故乡），北京大学（北京是中国首都），兰州大学（惠䇹祖籍天水）和苏州大学（惠

祖籍苏州，惠䇹祖父保东吴大学创办人之一，惠伯祖任东吴大学教务长数十年，惠伯父也任机该校数十年）四所大学试办。最近惠䇹的妹妹和妹夫也将他们仅有存款的一半捐於美国加州理工大学（California Institute of Technology）表示，如这基金试办成功，他们将放慷接受和资助这个基金的一些优秀学生暑假去加州见习和进修。

为使这件事今年暑假就能开始，因此我们决定今年一月廿三日两䇹日，北京、兰大和苏大四所大学在北京签字。

李政道

3-01-01. 李政道《关于"秦惠䇹李政道基金"》手稿，现藏上海交通大学李政道图书馆

肇创䇹政，定立章程
Launching Chun-Tsung program and forming regulations

李政道先生与秦惠䇹女士相识于20世纪40年代，互相扶持、相亲相爱一生。秦女士婚后全力支持李政道先生的科研、教育事业，并持家有方，教子有道。秦女士是李先生的"贤内助"，为人称道，也是一位有独立见解的新女性，她对于科研、教育，尤其是女性在科教中的地位，向来有精辟的看法。

1998年，李先生和家人遵照秦女士遗愿，用全部私人积蓄设立"秦惠䇹与李政道中国大学生见习进修基金"（简称"䇹政基金"），旨在支持有志科研的优秀本科学生，帮助他们了解并获得科学研究领域工作的训练和经验。章程规定，基金支持的学生至少一半为女性。

3-02-01. 秦惠䇹、李政道结婚照

李政道与复旦　Tsung-Dao Lee and Fudan University

1996年，秦惠䇹女士不幸因病逝世，复旦大学谢希德、杨福家、陶瑞宝、周鲁卫等纷纷给李政道先生去信悼念和慰问，李先生逐一回信表示感谢。李先生与秦女士相知相契近半世纪，挚爱情深。秦女士逝世次日，李先生作画题诗追怀亡妻，以艺术的方式寄托深情。

3-02-02. 李政道给谢希德、杨福家的回信

Founding Chun-Tsung Program for talent cultivation

育英箐政

3-02-03. 秦惠䇹逝世次日，李政道作《念䇹》图并题诗

3-02-04. 李政道给陶瑞宝、周鲁卫的回信，信笺左侧为《念䇹》诗英译版

秦惠䇹女士生前一直十分关心祖国的科学和教育事业。在病危期间，秦女士仍对祖国年轻人的培养极为关怀，嘱咐李政道先生一定要继续关心和帮助祖国大学生（特别是女生）学习和了解科学。秦女士过世后，李先生和家人一致决定将私人积蓄全部捐出，设立"秦惠䇹与李政道中国大学生见习进修基金"，并首先在复旦大学（秦女士和李先生均生于上海，上海是他们的第二故乡）、北京大学（北京是中国首都）、兰州大学（秦女士祖籍天水）和苏州大学（李先生祖籍苏州，曾祖系东吴大学创办人之一，伯祖任东吴大学教务长数十年，伯父也任职该校数十年）四所大学试办。

1997年11月6日，"秦惠䇹李政道基金"新闻发布会在复旦大学举行。1998年1月23日，"秦惠䇹—李政道基金"签字仪式在北京举行，出席仪式的领导有宋平、温家宝、陈至立、钱伟长、朱光亚、周光召、路甬祥等。

3-02-05. 1998年1月，"秦惠䇹—李政道基金"签字仪式现场

Founding Chun-Tsung Program for talent cultivation

育英箸政

设立"秦惠䇹与李政道基金"的协议

1. 为纪念李政道夫人秦惠䇹女士,李政道教授及其子女、亲属和朋友捐赠私人储蓄 300,000 美元建立"秦惠䇹与李政道中国大学生见习进修基金"(CURE). 本基金的目的是支持选定大学的优秀本科学生,帮助他们了解和获得基础研究领域研究工作的训练和经验,使他们较早有一段时间与活跃的科学家每天接触,以扩展他们日后的眼界(尤其对于非自然科学专业的学生). 被挑选的学生将命名为"䇹政学者".

2. 本基金不得用于代替任何现有的奖学金. 本基金在所有其它学生的经济资助之外,本基金不得用于工作人员或行政开支.

3. 考虑到科学技术在目前社会的重要性,而大部分人都不是自然科学家,本基金支持和鼓励跨学科和交叉学科的见习进修计划. 但在1998到1999的第一年, 仅支持物理和计算机学科(但候选者不仅限于物理和计算机学科的学生). 1999年以后,范围将扩大到其它学科.

4. 按照秦惠䇹女士的意愿,"䇹政学者"应约有一半是女性.

5. 在每所选定的大学设立本"基金"董事会,董事会由李政道教授和(或)其家属,该大学教授和行政负责人,及当地政府主管教育的领导组成.

6. 董事会下设立基金管理委员会,由该校校长担任管理委员会主任.

7. 在管理委员会领导下建立基金管理办公室,称为"秦惠䇹与李政道中国大学生见习进修基金办公室",负责日常管理事务.

8. 每所选定的大学应设立一评选委员会,称为"秦惠䇹与李政道中国大学生见习进修基金评选委员会",每年评议申请计划,并挑选确定若干名优秀的大学本科申请者为"䇹政学者". 所有的CURE申请者均需递交一份约 3-10 页的研究计划,两封推荐信及一封所在单位的学术负责人的推荐信.

9. 每所选定的大学将为"秦惠䇹与李政道中国大学生见习进修基金"设立一个专门的独立帐户,不收任何管理费用.

10. 每个财政年度结束前,应向董事会提交年度报告和基金的年度收支决算.

李政道
哥伦比亚大学教授

杨福家
复旦大学校长

陈佳洱
北京大学校长

钱培德
苏州大学校长

李发伸
兰州大学校长

1998年1月23日

3-02-06. 李政道和四所大学签订的设立"秦惠䇹与李政道基金"的协议书

"䇹政基金"正式启动后,李政道先生对其进展非常关心。1999年9月26日,李先生出席在复旦大学举行的"䇹政学者"座谈会,并写下"䇹政竹",以表达对秦惠䇹女士的思念。复旦大学特在美丽的曦园勒石纪念。2000年10月26日,李先生到复旦为"䇹政竹"纪念石揭牌。

3-02-07. 1999年9月,李政道出席复旦大学"䇹政学者"座谈会

3-02-08. 1999年9月,李政道题写"䇹政竹"

Founding Chun-Tsung Program for talent cultivation

育英箔政

3-02-09. 2000年10月,李政道与孙莱祥(左一)、王生洪(左二)、钱伟长(右二)、杨福家(右一)为"箔政竹"纪念石揭牌

上 海 市 人 民 政 府
SHANGHAI MUNICIPAL PEOPLE'S GOVERNMENT

贺 信

欣悉"䇹政学者"基金会第二次年会在复旦大学召开，谨致以热烈的祝贺！

李政道博士是世界著名的科学家，由李政道博士和其已故夫人秦惠䇹女士及家属慷慨捐资设立的"秦惠䇹与李政道中国大学生见习进修基金"，为我们的优秀大学生领略科学前沿、拓宽学术眼界、增强实践能力、激发创新精神创造了良好的机会。三年多来，"䇹政学者"基金会的工作取得了显著成效。在此，我谨向李政道博士和"䇹政学者"基金会以及为实施此计划而付出辛勤工作的同志们，表示深深的感谢和敬意。

我国教育改革的重要任务之一，就是要为21世纪的中国乃至世界培养出一大批高素质的创新人才。"䇹政学者"基金的设立及其培养计划的实施，对大学推行本科研究型教学和学生科技创新，起到了很好的促进和指导作用。相信通过这次年会，大家交流信息、总结经验，一定会对今后的"䇹政学者"基金工作大有裨益。

预祝"䇹政学者"基金会第二次年会圆满成功！

祝李政道博士和各位来宾身体健康。

上海市市长 徐匡迪

2000年10月26日

3-02-10. 2000年，上海市市长徐匡迪致信祝贺"䇹政学者"基金会第二次年会召开

Founding Chun-Tsung Program for talent cultivation

育英箓政

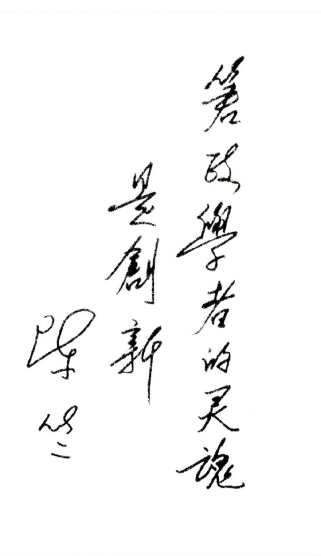

3-02-11. 2000年，中国科学院副院长陈竺为第二次"箓政基金"年会题词

亲临年会，共襄盛举
Attending annual meetings and supporting research projects

每年下半年，"䇹政基金"管委会在各所高校轮流召开年度工作会议，简称"䇹政年会"。李政道先生十分重视，曾多次亲临。年会期间，李先生听取各校主管基金的领导介绍该年度基金运行及项目总体情况，并亲自作一场学术报告或演讲，与䇹政学者们分享他的科学思想和治学体悟。各校䇹政学者代表亦向李先生汇报研究成果。

复旦大学极为重视"䇹政年会"，2000年、2004年，"䇹政年会"在复旦大学举办，王生洪校长、杨玉良校长、许宁生校长都曾出席。时任副校长的孙莱祥、蔡达峰（现全国人大常委会副委员长）、包信和（现中国科学技术大学校长）等也都曾带队出席年会。

李先生亦两度亲临2000年和2004年在复旦大学举办的"䇹政年会"。

Founding Chun-Tsung Program for talent cultivation

育英箐政

3-03-01. 2000年10月，李政道出席在复旦大学举行的第二次年会

3-03-02，3-03-03. 2000年，李政道出席在复旦大学举行的第二次年会

Founding Chun-Tsung Program for talent cultivation　　　育英箓政

3-03-04. 2004年，李政道出席在复旦大学举行的第六次年会

李政道与复旦 Tsung-Dao Lee and Fudan University

2004年10月19日，李政道先生出席在复旦举行的第六次"䇹政基金"年会，作了关于"诗与科学"的报告。他特别喜欢杜甫的诗句"细推物理须行乐，何用浮名绊此生"，他说："细，要通过实验来证明事实；推，要用理论进行研究。细推，用两字对物理形容和概括。同时，做学问还要行乐，要发现其中有乐，不要为了浮名来做事情，为了诺贝尔奖来做事情。要从科研中寻找快乐，不关外事。"

Founding Chun-Tsung Program for talent cultivation

育英箐政

3-03-06. 2003年，李政道讲述"自古英雄出少年"

3-03-07. 2006年，李政道讲述"物之道"

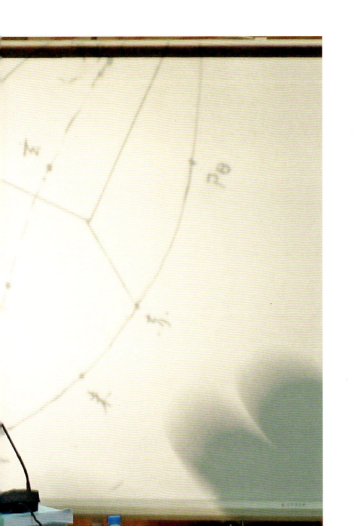

3-03-05. 李政道在第六次年会上作报告

年会的另外一个环节是各校"莙政学者"代表课题汇报,李政道先生认真听讲,和学生们互动交流,并为大学生们颁发由他亲笔签名的证书,授予"莙政学者"称号。

3-03-08. 复旦大学"莙政学者"代表在年会上作报告

Founding Chun-Tsung Program for talent cultivation

育英䇹政

3-03-09. 李政道在"䇹政基金"年会上听取"䇹政学者"代表报告

3-03-10. "䇹政学者"证书

李政道与复旦 Tsung-Dao Lee and Fudan University

3-03-11. 1999年年会，李政道与复旦师生合影

3-03-12. 2000年年会，李政道与复旦师生合影

3-03-13. 2003年年会，李政道与复旦师生合影

3-03-14. 2004年年会，李政道与参会代表合影

Founding Chun-Tsung Program for talent cultivation 育英箸政

3-03-15. 2006年年会，李政道与复旦老师合影

3-03-16. 2008年年会，李政道与复旦师生合影

3-03-17. 2009年，年会参会代表合影

3-03-18. 2014年，年会参会代表合影

李政道与复旦 Tsung-Dao Lee and Fudan University

沟通两岸，切磋交流
Promoting student exchange across the Taiwan Strait

2000年初，李政道先生专程赴台看望病危的启蒙老师吴大猷先生。在此期间，李先生拨冗探索沟通两岸学术的渠道，和新竹"清华大学"的刘炯朗校长等商讨新竹"清华"加入"莙政基金"的有关事宜。同年10月，在复旦大学举行的第二次年会上，同意接纳新竹"清华大学"加入"莙政基金"。在李先生亲自推动和两岸有关部门的大力支持下，经过数月努力，两岸几十位"莙政学者"终于在当年7月成行，分赴对岸的"莙政基金"成员大学进行为期六周的科学研究见习和进修。这是两岸大学生的首次暑期学术交流，开创了两岸大学本科生的学术交流活动。正如李先生所说，通过这种交流，会大大增加祖国两岸大学生之间的互相了解和华夏儿女间的亲情，对祖国的未来很有意义。

复旦大学组织前来交流的台湾学生游览上海，参加"历史行"，到河南和陕西感受祖国文化，2006年，新竹"清华大学"章聿珩同学写下长文《西游记——从上海到西安，一位台湾同学到中原的体验》。新竹"清华大学"也为大陆学生安排了接待家庭，了解台湾风土人情，2008年复旦大学邵南同学写下《走遍台湾史》。

Founding Chun-Tsung Program for talent cultivation

育英箐政

3-04-01. 复旦大学学生访问新竹"清华大学"时合影

3-04-02. 复旦大学张任远同学在新竹"清华大学"交流期间参加吴大猷科学营

李政道与复旦　Tsung-Dao Lee and Fudan University

3-04-03. 新竹"清华大学"及复旦大学学生参观上海鲁迅纪念馆合影

3-04-04. 新竹"清华大学"学生参加"历史行"，于洛阳合影

Founding Chun-Tsung Program for talent cultivation

育 英 箐 政

3-04-05. 2013年上海交通大学加入"箐政基金"项目，次年李政道图书馆落成

3-04-06. 新竹"清华大学"来复旦大学交流学生参观李政道图书馆

英雄少年，桃李天下
Having outstanding students all over the world

"莙政基金"在复旦已经实施20年了。复旦大学贯彻李政道先生对于基础学科人才的培养一定要用精英教育的思想，因此始终坚持一个导师带一个学生的实施办法，且保证女生比例不少于一半。截至2019年，复旦一共有807人入选"莙政项目"，其中女生419名。

自古英雄出少年。复旦大学的"莙政学者"们在本科阶段就发表多篇国际顶尖SCI论文或解决世界难题。他们95%以上本科毕业之后继续攻读学位，其中60%以上进入国外知名高校，不乏哈佛、斯坦福、麻省理工、牛津、剑桥等顶尖名校。

至今，已经有数十位"莙政学者"获得国内外高校的教职，开始了独立的科研道路。如1998年首届"莙政学者"物理系王枫，现任教于美国加州大学伯克利分校，曾获2010年度美国"青年科学家总统奖"。而他们的学术起航，皆源自"莙政基金"项目。

Founding Chun-Tsung Program for talent cultivation

育英箬政

3-05-01. 王枫，1998年物理学系"箬政学者"，现任教于美国加州大学伯克利分校

3-05-02. 李辉，1999年生命科学学院"箬政学者"，现任教于复旦大学

3-05-03. 刘韡韬，1999年物理学系"箬政学者"，现任教于复旦大学

3-05-04. 糜岚，2000年物理学系"箬政学者"，现任教于复旦大学

3-05-05. 金丽华，2005年力学与工程系"箬政学者"，现任教于美国加州大学洛杉矶分校

3-05-06. 邵南，2007年外文学院"箬政学者"，现任教于北京外国语大学

李政道与復旦　Tsung-Dao Lee and Fudan University

　　复旦大学2006级计算机系的"莙政学者"郭泽宇，在项目研修期间解决了计算几何领域的一个世纪难题"最小曼哈顿网络问题"，2009年，其论文被美国ACM学会主办的第25届计算几何国际会议录用，同时作为最佳论文之一被邀请投稿到会议特刊(DCG)。这一曾经困扰科学界十余年的难题，最终被年仅20岁的复旦"莙政学者"解决。特别值得一提的是，指导郭泽宇攻克这一难题的，是同样年轻的复旦大学在读博士孙贺。

　　李政道先生听闻消息，即向复旦大学发来贺信，高度评价复旦大学"莙政项目"的实施。

3-05-07.　复旦"莙政学者"郭泽宇（左）与导师孙贺（右）及"猜想"提出者

3-05-08.　郭泽宇论文首页

Founding Chun-Tsung Program for talent cultivation

育英䇹政

复旦大学
蔡达峰校长、郑方贤处长：
徐红老师：

　　喜闻复旦大学计算机学院三年级学生、"䇹政学者"郭泽宇同学和研究生孙贺同学在《关于最小曼哈顿网络问题算法和复杂性》这一领域取得了十八年以来的好成绩，解决了计算几何领域十年未解的重要问题，为中国数学界赢得了荣誉。

　　多年以来，复旦大学对"䇹政项目"的支持，我深有感动。不论是校长还是具体的负责老师，不论从人员选拔上的严格把关，还是暑期见习活动的周密安排，您们和学校都注入了大量的心血和配套资金。能够取得今天的成绩是您们多年努力的必然，我向您们，并通过您们也对两位同学表示热烈的祝贺。

　　谨颂
复安！

李政道
2009·6·29

3-05-09. 李政道致复旦大学贺信

李政道与复旦 Tsung-Dao Lee and Fudan University

李政道先生强调"名师出高徒",复旦大学"莙政导师"赵东元院士就是一例。赵院士20年来指导了10名"莙政学者",他们都活跃于学术前沿,其中已有3人在美国拿到教职(田博之和刘晓英在芝加哥大学,刘嘉在哈佛大学,其中田博之曾获2016年美国"青年科学家总统奖"),有3人在国内高校教书育人(郑耿锋回到复旦大学,张任远在同济大学,周亮在武汉理工大学)。

赵院士指导的第一位"莙政学者"郑耿锋,于哈佛大学获得博士学位,2010年回到复旦后也担任"莙政导师"之职。八年来,他已经指导了7位"莙政学者"。

3-05-10. 赵东元与他培养的"莙政学者"们。
上起:郑耿锋、田博之、刘晓英、刘嘉、周亮、张任远

Founding Chun-Tsung Program for talent cultivation

育英箸政

李政道与复旦 Tsung-Dao Lee and Fudan University

秦惠䇹女士与李政道先生之间的挚爱真情,时刻感动着复旦大学的"䇹政学者"们,他们在科研之外也碰撞出了爱情的火花。20年来有四对学者,因"䇹政"相识相知,最终携手步入婚姻的礼堂,成为"䇹政学者"伉俪。

3-05-11.

Founding Chun-Tsung Program for talent cultivation

育英箐政

3-05-12. 刘晓英、田博之夫妇，现均在芝加哥大学工作

3-05-13. 潘艳、吴昊夫妇，现均在复旦大学工作

3-05-14. 胥潇潇（现在美国硅谷甲骨文公司工作）、王梓萌（现在复旦大学工作）夫妇

3-05-15. 贾勤、王晨夫妇，现均在谷歌公司工作

秉承理念，创新发展
Upholding original inspirations and the spirit of innovation

"莙政学者"项目在复旦实施了20年，还衍生出了"望道学者"等计划，规模越来越大，经久不衰，成功地实践了李政道先生的教育理念：让低年级本科生参加科研，培养探究能力，尽早独立从事学术研究。

复旦在实施"莙政学者"项目时，始终贯彻李先生的初衷，明确工作思路，从培养学生自主意识和能力的目标出发，积极探索管理方式，构建了一套开放的、规范的、完整的办法。建立了网上管理平台，把项目的各方面信息都向学生公布，让学生自行查阅办理。

让学生参与管理和服务工作，主持各种活动，这样既锻炼了学生，又提高了效率。

Founding Chun-Tsung Program for talent cultivation

育英箐政

3-06-01. 复旦大学本科生学术研究资助计划网站首页

为了将李政道先生设立"䇹政基金"项目的初衷发扬光大,让更多的本科生尽早接触科研,复旦大学陆续设立了"望道""登辉""曦源"等项目,形成了系列的"复旦大学本科生学术研究资助计划"(FDUROP)。

3-06-02. 复旦大学"䇹政学者"海报

Founding Chun-Tsung Program for talent cultivation

育英箸政

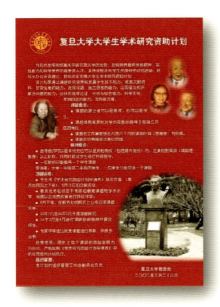

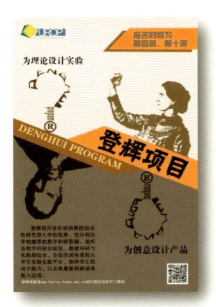
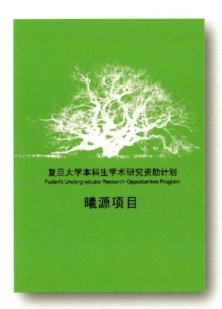

3-06-03. 复旦大学本科生学术研究资助计划其他项目海报

每年6月，复旦大学都会在谢希德报告厅举行隆重的"莙政学者"结题典礼，由学者代表汇报他们的研究成果。

杨福家（曾任复旦大学校长）、孙莱祥（曾任复旦大学副校长）、全国人大常委会副委员长蔡达峰（曾任复旦大学副校长）、上海市教委原主任陆靖（曾任复旦大学教务处处长）、上海教育考试院原院长郑方贤（曾任复旦大学教务处副处长）、陆昉（曾任复旦大学副校长）、桂永浩（曾任复旦大学常务副校长）、徐雷（现任复旦大学副校长）都曾参与典礼，听取"莙政学者"们的学术报告。

孙莱祥　　　　　蔡达峰

3-06-04. "莙政学者"在结题典礼上作报告　　　陆昉　　　　　陆靖

Founding Chun-Tsung Program for talent cultivation

育英箓政

3-06-05. 2007年6月,"箓政望道"结题典礼上蔡达峰、郑方贤为邵南同学颁发证书

3-06-06. 2014年6月,应质峰在结题典礼上讲话

3-06-07. 2018年6月,吴晓晖在结题典礼上讲话

复旦大学在实施"箸政学者"项目时,始终鼓励学生不拘专业、博采众长,"箸政学者"中就有一些学子从事本专业之外的研究。通过定期组织中期交流、下午茶、户外考察等活动,推动不同领域的"箸政学者"相互交流,激发灵感。

2012年,复旦学子秉承李先生科学与艺术不可偏废的理念,将大家在研究中发现的科学之美以图文创作的形式,编印成"科学与艺术"年历,赠给李先生,李先生读后寄来题字。此后"科学与艺术"年历每年编印。

3-06-08. "箸政学者"中期交流会与下午茶活动

Founding Chun-Tsung Program for talent cultivation 育英箐政

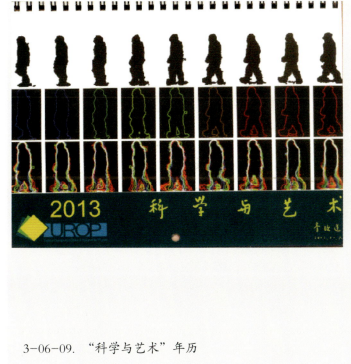
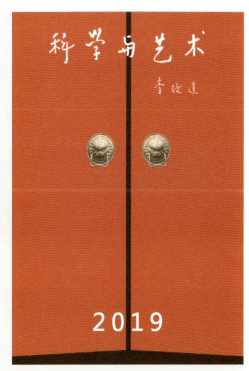

3-06-09. "科学与艺术"年历

李政道与复旦 TsungDao Lee and Fudan University

2005年,为分享"莙政学者"们的求学故事和心得,复旦大学教务处组编了《我的阿拉丁神灯,在复旦》一书。延续这一思路,2007年复旦学生自主创办了刊物《为学》,为参加FDUROP的同学搭建展示科研成果、讲述求学故事、分享研究心得的平台。

2014年,复旦师生将最新一期刊物送到李政道先生手中,李先生读后欣然在封面写下"求知"二字回赠,勉励同学们为学不止,求知亦不止。截至目前,《为学》已出刊21期。

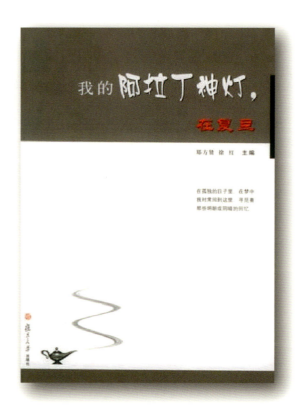

3-06-10.《我的阿拉丁神灯,在复旦》书影

3-06-11.《为学》创刊号及李政道题词"求知"

Founding Chun-Tsung Program for talent cultivation

育英箐政

3-06-13. 李政道88岁生日之际，杨福家撰文，高度评价李政道的"英才"教育。文章刊登于《文汇报》2014年11月2日第7版

育英箸政

Founding Chun-Tsung Program for talent cultivation

3-06-14. 为祝贺"箸政学者"项目实施20周年，全国人大常委会副委员长、复旦大学原副校长蔡达峰撰文，赞评"箸政学者"项目是中国大学人才培养探索的样本。文章刊于《文汇报》2018年8月10日第3版

箬政学子，感念师恩
Expressing deep gratitude to Dr. Lee

李政道先生的嘉言懿行不仅对复旦大学帮助极大，也时刻激励着曾在复旦园中求学的莘莘学子。众多润泽在李先生理念之中的复旦人，不论身在何处，总会感念先生。

2006年是李先生的八十大寿，该年的"箬政年会"在苏州大学举行。复旦大学副校长蔡达峰率复旦师生参加年会，并代表五所高校向李先生致祝寿贺词。

复旦"箬政"学子惦念李先生，时常假留学之便，看望李先生。2008年，复旦"箬政学者"袁陈杰、陈亮拜望了李先生，表达了感激之情。2014年4月4日，杨福家老校长带领复旦大学"箬政学者"代表一起赴哥伦比亚大学拜访李先生，汇报自己的工作成绩，听取李先生的教诲。

Founding Chun-Tsung Program for talent cultivation

育英箸政

3-07-01. 李政道正在切生日蛋糕

3-07-02. 蔡达峰向李政道赠送礼物

3-07-03. 蔡达峰代表五所高校致贺词

3-07-04. 李政道与孙子、孙女在北京人民大会堂

李政道与复旦 Tsung-Dao Lee and Fudan University

复旦大学力学与工程系"䇹政学者"金丽华(现为加州大学洛杉矶分校助理教授)在晚宴前一天晚上连夜创作《䇹政之歌》,并在晚宴现场演唱。

从此,《䇹政之歌》每年都会在复旦大学"䇹政学者"结题典礼的会场响起。

3-07-05. 金丽华歌唱《䇹政之歌》

3-07-06. 䇹政学者结题典礼上,学生合唱《䇹政之歌》

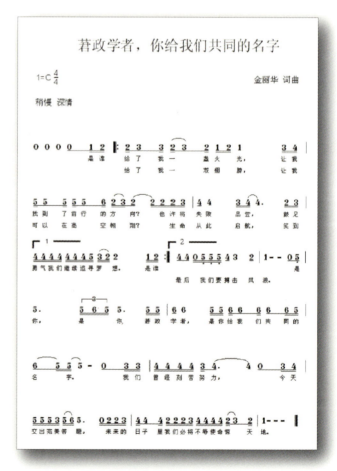

3-07-07.《䇹政之歌》词曲

3-07-08. 李政道与金丽华合影

李政道与复旦 TSUNG-DAO Lee and Fudan University

2008年3月，"莙政学者"陈亮与袁陈杰相约去李政道先生的办公室看看，有幸遇到了李先生。他们向李先生表达了感激之情，还请教了一些问题，深受教益，并留下了一张珍贵的合影。照片传回复旦，"莙政学者"们惊喜地发现，李先生满面笑容的那张经典照片，原来是在他自己办公室的黑板前拍的，多年的"迷"终于解开了。

3-07-09. 袁陈杰、陈亮在李政道办公室与李政道合影

李政道与复旦　Tsung-Dao Lee and Fudan University

2014年4月4日，杨福家老校长亲自带领复旦大学七位"䇹政学者"以及在美国学习的部分"䇹政学者"一起赴哥伦比亚大学拜访李政道先生，汇报工作成绩，听取教诲。座谈会上杨福家校长指出，李先生通过"䇹政基金"项目对于年轻人学术研究的支持，其意义不亚于早年获得的诺贝尔奖。

Founding Chun-Tsung Program for talent cultivation

育英箓政

3-07-11. 李政道、杨福家及"箓政学者"在哥伦比亚大学会谈

李政道与复旦　Tsung-Dao Lee and Fudan University

　　时任教务处处长徐雷代表复旦大学向李先生赠送了"䇹政"印章，该印章是由担任过"䇹政项目"导师的王培南教授所刻。随后"䇹政学者"们逐一向李先生介绍各自的学术经历，李先生不时对各位同学的研究提问，并饶有兴致地回顾了自己从抗战时期到留学美国的求学经历。最后，李先生翻阅了《为学》刊物，欣然题写了"求知"二字。

3-07-12. 李政道观看"䇹政"印章

Founding Chun-Tsung Program for talent cultivation

育英箸政

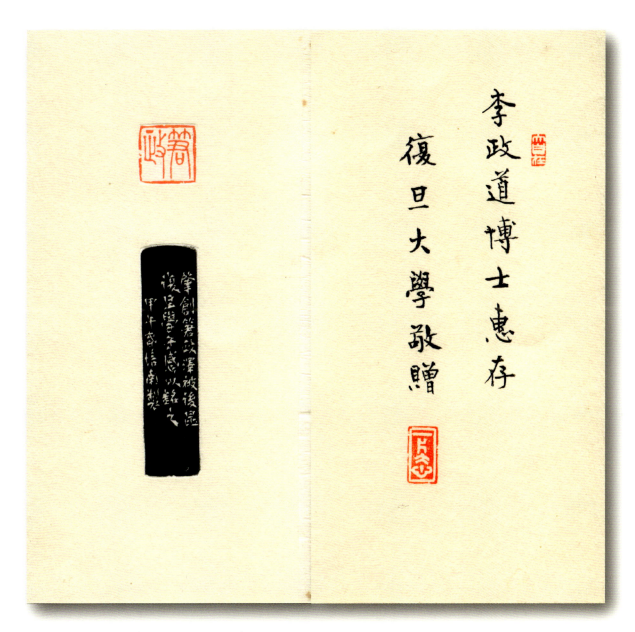

3-07-13. 复旦大学赠送"箸政"印章的印蜕和边款拓片

李政道与复旦 Tsung-Dao Lee and Fudan University

历届"莙政学者"合影

Founding Chun-Tsung Program for talent cultivation

育英䇹政

3-08-01. 复旦大学2001年首届"䇹政学者"合影

3-08-02. 复旦大学2002年"䇹政学者"合影

3-08-03. 复旦大学2003年"莙政学者"合影

3-08-04. 复旦大学2004年"莙政学者"合影

Founding Chun-Tsung Program for talent cultivation

育英箴政

3-08-05. 复旦大学2005年"箴政学者"合影

3-08-06. 复旦大学2006年"箴政学者"合影

3-08-07. 复旦大学2007年"箸政学者"合影

3-08-08. 复旦大学2008年"箸政学者"合影

Founding Chun-Tsung Program for talent cultivation　　育英箸政

3-08-09.　复旦大学2009年"箸政学者"合影

3-08-10.　复旦大学2010年"箸政学者"合影

3-08-11. 复旦大学2011年"箬政学者"合影

3-08-12. 复旦大学2012年"箬政学者"合影

Founding Chun-Tsung Program for talent cultivation

育英箴政

3-08-13. 复旦大学2013年"箴政学者"合影

3-08-14. 复旦大学2014年"箴政学者"合影

3-08-15. 复旦大学2015年"莙政学者"合影

3-08-16. 复旦大学2016年"莙政学者"合影

Founding Chun-Tsung Program for talent cultivation

育英箬政

3-08-17. 复旦大学2017年"箬政学者"合影

3-08-18. 复旦大学2018年"箬政学者"合影

3-08-19. 复旦大学2019年"䇹政学者"合影

Founding Chun-Tsung Program for talent cultivation

育 英 箸 政

大事记

Major events

李政道与复旦　Tsung-Dao Lee and Fudan University

1972

9月23日，李政道先生访问复旦大学，卢鹤绂先生参与接待。

1973

3—8月，李政道先生的长子李中清在复旦大学学习、生活。

1974

5月11日，李政道先生与夫人秦惠䇹女士携次子李中汉访问复旦，卢鹤绂先生参与接待。李先生撰写了《参观复旦大学后的一些感想》，递交周恩来总理，周总理转呈毛泽东主席后，毛主席于5月30日在中南海接见李先生。

1982

3月18日，我校授予李政道博士复旦大学名誉教授称号，校长苏步青致辞并向李先生授予名誉教授证书和复旦大学校徽。上海市副市长杨恺到会祝贺并致辞。李先生作"随机格场论"学术报告。

1986

9月29日，我校举办第一届"李政道物理奖学金"授奖仪式，上海市副市长刘振元出席并讲话。李政道先生与有关领导为8名获奖学生颁奖，并题写了"复兴文化，旦旦生光"。

11月30日，谢希德副校长、研究生院院长杨福家在美国纽约参加李政道先生60岁生日宴会。

大事记

1987
10月6日，我校举办第二届"李政道物理奖学金"颁奖仪式，5名学生获奖。

1988
10月28日，我校举办第三届"李政道物理奖学金"颁奖仪式，李政道先生向8名获奖学生颁奖并作学术报告。

1989
9月18日，我校举办第四届"李政道物理奖学金"颁奖仪式，李政道先生向6名获奖学生颁奖、发表演讲，并题词："复我青年志，旦阳正义气"。

1990
10月24日，我校举办第五届"李政道物理奖学金"颁奖仪式，李政道先生为11名获奖学生颁奖。

1991
10月9日，我校举办第六届"李政道物理奖学金"颁奖仪式，谢希德院士为6名获奖学生颁奖。

1992
11月11日，我校举办第七届"李政道物理奖学金"颁奖仪式，李政道先生前来参加，并作"科学的发展——中国古代到现代"学术报告。

1993

5月25日,李政道博士与夫人秦惠䇹女士参加"复旦大学李政道物理学综合实验室"揭牌仪式,并作专题学术报告。校长杨福家、校党委书记钱冬生出席。该实验室设立特邀研究员制度,每年9月向国内外招聘优秀青年物理学者为特邀研究员。

12月29日,"李政道物理学综合实验室"举行聘书颁发仪式,12名来自国内外的年轻博士成为首期特邀研究员。

1994

10月21日,举行第九届"李政道物理奖学金"授奖大会,杨福家校长授奖。

10月23日,李政道先生在逸夫楼报告厅为我校数百名学生讲演,之后与荣获第九届"李政道物理奖学金"的学生合影并座谈。

1995

5月27日,李政道先生出任我校校董会名誉主席,在校庆90周年暨校训墙揭幕仪式上作了"'学'与'问'"的演讲。

1997

11月6日,"䇹政基金"新闻发布会在逸夫楼会议厅举行,上海市副市长赵启正代表市政府,对李先生一家支持祖国教育科学事业的热忱表示感谢和崇高敬意。发布会后,李先生向500余名大学生作了题为"科学与艺术"的演讲。

Major events
大事记

1999

9月26日，李政道先生参加在我校举办的"䇹政学者"座谈会，王生洪校长、杨福家院士出席。

"䇹政基金"管理委员会第一次会议在北京大学召开，李政道先生、孙莱祥副校长、"䇹政学者"代表李辉合影。

2000

10月26日，"䇹政基金"管理委员会第二次会议在我校召开，李政道先生、钱伟长教授及"䇹政"成员高校的专家和师生代表参加。徐匡迪市长给本次会议发来贺信，李先生与王生洪校长等在会后为"䇹政竹"揭碑。

2001

10月30日，研究生院周鲁卫院长受王生洪校长委托赴美祝贺李政道先生七十五岁寿辰。

2004

10月19日，"䇹政基金"管理委员会第六届年会在我校召开，李政道先生、校长王生洪、副校长蔡达峰、杨福家院士等出席，李先生作了"诗与科学"的演讲。

2005

10月19日，为纪念"相对论"发表100周年和复旦大学建校100周年，李政道在复旦大学美国研究中心作了题为"为纪念爱因斯坦逝世50周年及相对论诞生100周年以及科学与艺术的关系"的报告。

2006

11月12日,复旦大学师生代表赴苏州大学参加第八届"莙政年会",时逢李政道先生八十寿辰,复旦大学副校长蔡达峰代表5所成员高校致辞,"莙政学者"代表金丽华连夜创作《莙政之歌》,并在寿宴上演唱。

2014

4月4日,复旦大学"莙政学者"在杨福家老校长的带领下赴哥伦比亚大学看望李政道先生。

2018

8月,编委会请李中清教授将本书初稿送李政道先生审阅。

2019

2月,王垂林先生受编委会委托,赴美国请李政道先生审阅本书清样,李先生欣然题词"莙政精神,旦复旦兮"。

Major events 大事记

4-01-01. 2019年2月,王垂林先生受编委会委托,赴美国请李政道先生审阅本书清样,两位先生手捧样书合影

《李政道与复旦》图片来源一览表

图片编号	图片来源
0-01-01	复旦大学校刊
1-01-01 至 1-02-02	上海交通大学李政道图书馆
1-02-03	范仁梅
1-02-04	李中清
1-03-01	王垂林
1-03-02	《文汇报》
1-03-03	复旦大学
1-03-04	《李政道随笔画选》
1-03-05	上海交通大学李政道图书馆
1-04-01 至 1-04-07	复旦大学档案馆
1-04-08	复旦大学校史馆
1-04-09	复旦大学教务处
1-04-10	吴少华、滕丽
1-04-11	复旦大学档案馆
1-04-12	复旦大学教务处
1-04-13	王生洪
1-04-14	吴少华、滕丽
1-04-15 至 1-04-17	复旦大学档案馆

图片编号	图片来源
1-04-18	杨光亮
1-04-19	上海交通大学李政道图书馆
1-04-20	杨光亮
1-04-21	复旦大学校史馆
1-04-22	复旦大学校史馆
1-04-23	复旦大学教务处
1-05-01	复旦大学出版社
1-05-02	复旦大学出版社
1-05-03	杨福家
1-05-04	杨福家
1-05-05	周鲁卫
1-05-06	吴少华、滕丽
1-05-07 至 1-05-09	复旦大学教务处
1-05-10	杨福家
2-01-01	上海交通大学李政道图书馆
2-02-01	叶菲
2-02-02	林雪晶
2-02-03	复旦大学教务处
2-02-04	复旦大学教务处
2-02-05	叶菲

图片编号	图片来源
2-02-06	《杨福家传》
2-02-07	复旦大学新闻学院
2-02-08	应质峰
2-02-09	李兆平
2-03-01 至 2-03-03	刘丽英
2-03-04 至 2-03-06	复旦大学档案馆
2-03-07	复旦大学图书馆
2-03-08	复旦大学校刊
2-03-09	侯晓远
2-03-10	侯晓远
2-03-11 至 2-03-16	复旦大学档案馆
2-03-17	杨光亮
2-03-18	复旦大学校刊
2-03-19	吴坚
2-03-20	吴坚
2-03-21	刘丽英
2-03-22	刘丽英
2-04-01 至 2-04-03	复旦大学校史馆

图片编号	图片来源
2-04-04	复旦大学校刊
2-04-05	复旦大学校刊
3-01-01	上海交通大学李政道图书馆
3-02-01	上海交通大学李政道图书馆
3-02-02	周鲁卫
3-02-03	《李政道随笔画选》
3-02-04	周鲁卫
3-02-05	复旦大学教务处
3-02-06	上海交通大学李政道图书馆
3-02-07	复旦大学校史馆
3-02-08	复旦大学校史馆
3-02-09	吴少华、滕丽
3-02-10	复旦大学教务处
3-02-11	复旦大学教务处
3-03-01	复旦大学校史馆
3-03-02	复旦大学校史馆
3-03-03	杨光亮
3-03-04 至 3-03-11	复旦大学教务处
3-03-15	吴少华、滕丽
3-03-16	吴少华、滕丽
3-03-17 至 3-04-01	复旦大学教务处

图片编号	图片来源
3-04-02	张任远
3-04-03 至 3-04-06	复旦大学教务处
3-05-01	王枫
3-05-02	李辉
3-05-03	刘韡韬
3-05-04	糜岚
3-05-05	金丽华
3-05-06	邵南
3-05-07	孙贺
3-05-08	孙贺
3-05-09	复旦大学教务处
3-05-10	张任远
3-05-11	《李政道随笔画选》
3-05-12	田博之、刘晓英
3-05-13	潘艳、吴昊
3-05-14	胥潇潇、王梓萌
3-05-15	贾勤、王晨
3-06-01 至 3-07-08	复旦大学教务处
3-07-09	袁陈杰、陈亮

图片编号	图片来源
3-07-10	上海交通大学李政道图书馆
3-07-11 至 4-01-01	复旦大学教务处

致 谢
Acknowledgments

本集之编纂，以"箸政"启动二十年为契机。二十年前，当复旦大学作为四校之一启动"箸政项目"时，分管此事的是时任副校长的孙莱祥教授，而本影集的设想与规划，也全赖孙教授擘画主持。当时，代表复旦大学在"箸政项目"签约仪式上签字的是时任校长杨福家院士。杨院士是李政道先生物理学上的同道与相交多年的友人，他为本影集慷慨赐序，使全书增色不少。现任全国人大副委员长、曾任复旦大学副校长的蔡达峰教授，一直关怀"箸政项目"。他不仅在"箸政"二十年时向复旦大学发来贺信，而且欣然为本影集题写书名。

本集时间跨度四十余年，搜集整理影像得到多方帮助。复旦大学档案馆、复旦大学校史馆、复旦大学物理学系、复旦大学生命科学学院、中国高等科学技术中心、上海交通大学李政道图书馆等机构俱慷慨相助。复旦大学外文学院朱永生教授为本书提供了目录、标题的英译。曾在或正在复旦学习工作的杨家润、范仁梅、杨光亮、陈启明、刘畅、路东、李兆平、王建平、叶菲、徐洁祎等复旦人皆大力支持。此外，还有更多的机构与个人为我们提供了无私的帮助。谨此致谢！

本书于2019年初完成编纂，随即申报出版。然而，由于种种原因，直至2023年初，出版方得批准。

2022年7月，复旦大学前任校长、中科院院士杨福家教授因病辞世，杨校长为本书慷慨赐序，本书的编纂、出版离不开他的关心和爱护，在此我们深切怀念杨福家校长。

对于帮助过我们的机构与个人，谨在此致以最诚挚的感谢！本影集存在的不足与问题，请各位读者批评指正。

本书编委会
2023年3月

图书在版编目(CIP)数据

李政道与复旦/复旦大学教务处编. —上海：复旦大学出版社，2023.6
ISBN 978-7-309-16804-4

Ⅰ.①李… Ⅱ.①复… Ⅲ.①李政道(lee,Tsung-Dao 1926-)-事迹②复旦大学-校史 Ⅳ.①K837.126.11②G649.285.1

中国国家版本馆 CIP 数据核字(2023)第 069047 号

李政道与复旦
复旦大学教务处　编
责任编辑/郑越文

复旦大学出版社有限公司出版发行
上海市国权路 579 号　邮编：200433
网址：fupnet@fudanpress.com　http://www.fudanpress.com
门市零售：86-21-65102580　团体订购：86-21-65104505
出版部电话：86-21-65642845
上海雅昌艺术印刷有限公司

开本 850×1168　1/16　印张 10.75　字数 161 千
2023 年 6 月第 1 版
2023 年 6 月第 1 版第 1 次印刷

ISBN 978-7-309-16804-4/K·813
定价：480.00 元

如有印装质量问题，请向复旦大学出版社有限公司出版部调换。
版权所有　侵权必究